GLEMENT

SUR

LE PILOTAGE

ARRONDISSEMENT DE CHERBOURG.

CHERBOURG,
IMPRIMERIE DE THOMINE.
1843.

RÉGLEMENT

SUR

LE PILOTAGE.

RÉGLEMENT

SUR

LE PILOTAGE

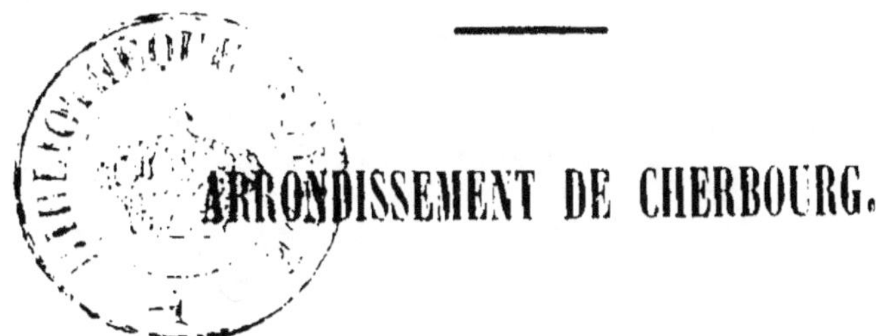

ARRONDISSEMENT DE CHERBOURG.

CHERBOURG,

IMPRIMERIE DE THOMINE.

1843.

RÈGLEMENT

SUR

LE PILOTAGE

QUARTIER DE CHERBOURG.

ART. 1er. Le nombre des pilotes lamaneurs de la station de Cherbourg est fixé à six, et celui des aspirants à deux ; ils doivent tous résider à Cherbourg.

2. Chaque pilote est tenu d'avoir au moins une grande embarcation en état de tenir la mer d'un gros temps, et montée de cinq hommes d'équipage, lui compris : ce canot

devra être constamment garni de rames, voiles et ancres, de manière à être prêt à partir au premier signal.

Les pilotes pourront également se servir de sloops pontés ou demi-pontés; et dans ce cas, deux pilotes pourront monter le même sloop.

3. Il y aura journellement, et à tour de rôle, à moins de temps forcé, une embarcation de pilote de service en rade ou en dehors à vue des passes, depuis le lever jusqu'au coucher du soleil; le pilote de service sera autorisé, en cas de mauvais temps, à relâcher dans le Barachois de la Digue, le Trou du Hommet, sur tout autre point de la rade ou à bord du Stationnaire.

4. Les pilotes devront se tenir en croisière en dehors des passes, lorsque le temps le permettra, afin d'aller le plus loin possible au devant des navires.

Ceux qui refuseraient de sortir au premier ordre qui leur en serait donné, ou de faire leur tour de corvée, comme il est prescrit par l'article ci-dessus, ou qui resteraient à terre plus de trois jours de suite, à moins d'empêchement légitime, seraient punis de la prison, de l'interdiction, ou de peines plus sévères, s'il était résulté de leur désobéissance quelque accident grave.

5. Les bateaux pilotes porteront, dans la partie supérieure de leur voile et sur les deux côtés au dessus du dernier ris, la lettre C et le numéro qui leur aura été assigné par le Commissaire de l'inscription maritime. La même lettre et le même numéro seront inscrits sur le l'avant de leurs embarcations. Ils porteront en outre dans leurs voiles une ancre peinte en noir, de la hauteur d'un mètre.

6. Les pilotes auront à se rappeler qu'en tout ce qui concerne leur service, et conformément aux dispositions de l'article 12 du décret du 12 décembre 1806, ils sont sous l'inspection de M. le Directeur des mouvements du port militaire, ainsi que sous la surveillance des Officiers de port du commerce et sous les ordres directs du Commissaire de l'inscription maritime.

Pilotage des Bâtiments de l'État.

7. Les pilotes lamaneurs qui auront abordé des bâtiments de l'État en dehors des passes de la rade de Cherbourg pour les conduire au mouillage, seront payés de leur pilotage d'après le tarif ci-après; mais ils devront, sans qu'il leur soit accordé aucune autre allocation, faire amarrer ces bâtiments, s'ils en sont requis:

DÉSIGNATION DES BATIMENTS.	EN TEMPS de paix.	EN TEMPS de guerre
Avisos et canonnières, goëlettes et cutters, bâtiments à vapeur au-dessous de 100 chevaux. . .	15f 00c	20f 00c
Corvettes-avisos, bricks, bâtiments à vapeur de 101 à 200 chevaux.	20 00	27 00
Corvettes à trois mâts, gabares armées, bâtiments à vapeur de 201 à 300 chevaux	35 00	47 00
Corvettes à gaillard, corvettes de charge, bâtiments à vapeur de 300 a 400 chevaux.	45 00	60 00
Frégates et bâtiments à vapeur au-dessus de 400 chevaux . . .	60 00	80 00
Vaisseaux de tout rang	80 00	107 00

Les transports de l'État paieront en raison de leur tonnage, comme les navires du commerce.

8. Le pilote qui aura abordé les navires de l'État à six milles au large de la Digue, recevra un quart en sus des salaires fixés au tableau ci-dessus.

Celui qui les aura abordés à douze milles au large recevra moitié en sus.

Celui qui abordera les navires de l'État en

dedans des passes, ne recevra que la moitié des prix déterminés par le tableau, si toutefois le commandant du bâtiment juge à propos de le recevoir à bord comme pilote.

9. Tout commandant d'un bâtiment de l'État, entrant en rade sans pilote, sera tenu de recevoir le premier lamaneur qui se présentera à lui en dehors des passes. Dans le cas de refus du commandant, le pilote n'en aurait pas moins droit à son salaire, sauf le cas prévu par le dernier paragraphe de l'article précédent.

10. Le pilote qui sera retenu à bord pour le service, recevra trois francs d'indemnité par journée et autant par nuit.

Il aura droit d'ailleurs à la ration du bord :

Si son canot est également retenu à bord. il lui sera payé 10 francs d'indemnité par 24 heures, et l'équipage aura droit à la ration du bord.

11. Le pilote qui aurait été appelé en rade par un navire de l'État, pour l'entrer dans le port, recevrait, l'opération finie :

Pour un vaisseau	40 fr.	»
Pour une frégate	35	»
Pour une corvette	30	»
Pour une corvette-aviso. . . .	20	»
Pour un navire d'un rang inférieur	15	»

12. Le pilote appelé à bord d'un bâtiment de l'État pour l'appareiller, soit du port, soit de la rade, et le mettre en dehors des passes, recevra pour cette opération, suivant l'espèce du navire, la somme fixée par les articles ci-dessus, 7 et 11, isolés ou combinés suivant le cas.

13. Tout pilote appelé à bord d'un navire de l'État et qui s'y rendra dans son canot armé de quatre hommes au moins, recevra une indemnité de dix francs, s'il est renvoyé à terre le même jour sans avoir piloté le navire.

14. Tout pêcheur qui, à défaut de pilote, aura été appelé à bord par le commandant d'un bâtiment de l'état, aura droit à une indemnité de trente francs, quelque soit le temps qu'il soit resté à bord faisant fonction de pilote.

15. Les pilotes côtiers ou pratiques de la côte, qui conduiraient des bâtiments de l'État depuis la rade de Cherbourg jusques dans les ports ou havres ci-après, seront payés comme suit et recevront en outre la ration du bord:

PORTS DE DESTINATION.	Avisos, canonnières, cutters, bâtiments à vapeur au-dessous de 150 chevaux.	Bricks, corvettes, gabares de 300 à 800, bâtiments à vapeur de 151 à 300 chevaux.	Vaisseaux, frégates, bâtimens à vapeur au-dessus de 300 chevaux.
Dunkerque	72f 00c	110f 00c	»
Calais	63 00	100 00	»
Boulogne	57 00	93 00	»
Saint-Vallery-en-Caux .	48 00	75 00	»
Fécamp	30 00	45 00	»
Le Havre	25 00	40 00	60f 00c
Caen	25 00	»	»
La Hougue	15 00	20 00	30 00
Barfleur	10 00	15 00	»
Saint-Germain-des-Vaux et Goury	10 00	»	»
Diélette	10 00	»	»
Carteret	15 00	»	»
Portbail	16 00	»	»
Granville	30 00	40 00	»
Saint-Malo ou Cancale .	40 00	50 00	80 00
Brest	72 00	110 00	150 00
Lorient	90 00	125 00	170 00
Rochefort.	110 00	140 00	200 00

16. Si, par une circonstance quelconque, le pilote séjournait à bord des bâtiments, pendant assez long-temps pour qu'il devint plus avantageux pour lui d'être payé au mois, comme pilote côtier ordinaire, il recevrait la solde de son grade, à l'exclusion des dispositions de l'article ci-dessus.

17. Ces pilotes, indépendamment de leurs salaires de pilotages, auront droit à la conduite de retour, à raison de deux francs par myriamètre.

Pilotage des Navires du Commerce.

18. Il sera payé au pilotes lamaneurs, tant pour l'abordage des navires hors des passes, que pour le mouillage et l'affourchage en rade, chargés ou non-chargés, savoir :

	Français ou étrangers assimilés aux français par traité de commerce.	Etrangers non assimilés aux français par traité de commerce.
Navires de 100 tonn. et au-dessous	12f 00c	18f 00c
———- de 101 ——- à 150	14 00	21 00
——— de 151 ——- à 200	19 00	28 50
Pour chaque tonn. en sus de 200.	00 08	00 12

Si le navire est abordé dans les passes ou en dedans de la rade, il ne sera payé au pilote, pour pilotage, mouillage et affourchage en rade, que la moitié des salaires ci-dessus.

19. Les pilotes qui auront abordé un navire à six milles au large de la Digue recevront un quart en sus des prix ci-dessus.

20. Pour l'entrée de la rade dans le port des navires chargés, quelle que soit leur capacité, les pilotes lamaneurs recevront quinze centimes par onneau, pour les français et les étrangers assimilés aux français, et trente centimes par tonneau pour les étrangers non assimilés.

Les deux tiers seulement de ces salaires seront payés pour les navires sur lest.

Au moyen de ces prix, le pilote lamaneur sera obligé d'avoir son bateau monté de quatre hommes et équipé pour servir dès l'appareillage à tous les besoins du navire, tant à l'intérieur qu'à l'extérieur, jusqu'à ce qu'il ait été amarré, soit dans l'avant-port, soit dans le bassin du commerce ou le port militaire.

Le pilote sera également tenu, sans qu'aucune autre allocation lui soit accordée, de faire le rapport exigé, soit au Commandant du stationnaire, soit au major de la Marine.

21. Les corsaires seront réputés navires chargés, et paieront le droit d'entrée en entier. Leurs prises seront considérées comme navires étrangers non assimilés aux français.

22. La quotité des taxes d'entrée et de sortie établies par le présent tarif pour les bâtiments à voiles, sera réduite de moitié pour les navires à vapeur d'un tonnage cor-

respondant, et qui seront toujours considérés comme chargés.

23. Les pilotes seront payés, pour la sortie du port des navires chargés ou non chargés, et le mouillage en rade, le même prix que pour l'entrée des mêmes navires de la rade dans le port.

Il en sera de même pour la sortie de la rade, c'est-à-dire qu'ils recevront la somme indiquée dans le tarif pour l'abordage hors des passes, le mouillage et l'affourchage en rade.

24. Si un navire sortant du port faisait route immédiatement sans avoir mouillé en rade, il serait dû au pilote les droits de sortie du port et de la rade, intégralement comme s'il eût mouillé.

25. Tout pilote qui aura pris sous voile un navire venant de la mer, et l'aura conduit directement dans le port, sera payé intégralement de ses deux droits d'entrée, comme s'il l'avait mouillé et affourché en rade.

26. Quant aux bâtiments qui n'auront fait que relâcher en rade, chargés ou non chargés, ils ne devront pour leur sortie hors des passes que les deux tiers du prix fixé par le tableau ci-dessus, art. 19.

27. Les maîtres au cabotage commandant des bâtiments jaugeant moins de 80 tonneaux, seront libres de prendre ou de ne

pas prendre un pilote à l'entrée comme à la sortie du port et de la rade. Mais tous les capitaines français, étrangers assimilés aux français ou étrangers non assimilés, commandant un navire de 80 tonneaux et au-dessus, seront tenus de prendre le premier pilote qui se présentera à eux.

Si ces capitaines refusaient de prendre le pilote, ou manœuvraient de manière à l'empêcher de monter à bord en temps opportun, ils seraient contraints de lui payer la taxe d'entrée ou de sortie, comme s'ils s'étaient servis de lui.

28. Attendu que les fixations ci-dessus déterminées pourraient être insuffisantes, dans leur application, aux navires de petite contenance, il ne sera jamais payé aux pilotes, pour l'entrée ou la sortie du port, moins de, savoir :

	Français ou étrangers assimilés aux français.	Etrangers non assimilés aux français.
Pour l'entrée ou pour la sortie du port des bâtiments chargés.....	6f 00c	12f 00
Pour l'entrée dans le port ou pour la sortie des bâtiments non chargés	5 00	10 00

29. Tout pilote appelé en rade par un navire du commerce, et qui s'y rendra avec un canot monté de quatre hommes, recevra neuf francs pour ce service, si le capitaine ne juge pas convenable de sortir de la rade ou d'entrer dans le port à la marée, ou dans le cas où il serait reconnu par le capitaine de port que le temps ou la marée ne permettraient pas au pilote d'appareiller le navire.

30. Si le capitaine d'un navire mouillé en rade, ou sortant de la rade, envoie à bord du Stationnaire ou du Commandant de la rade le canot de son pilote, il paiera trois francs pour chacun de ces voyages.

31. Dans le cas où un bâtiment serait obligé d'aller purger sa quarantaine à l'île Tatihou, il serait alloué au pilote, en sus de ses droits ordinaires de pilotage, dix fr. par 24 heures de séjour à bord et la ration, plus deux francs par myriamètre pour frais de conduite, dans le cas où le navire ne resterait pas à Cherbourg.

32. Les bateaux d'aide devront être montés par un patron et quatre canotiers matelots ou ouvriers inscrits.

Nulle embarcation ne pourra servir comme bateau d'aide, si elle n'est pourvue d'un rôle d'équipage.

33. Chaque bateau d'aide portera son numéro à l'avant et dans les voiles.

Le patron sera personnellement responsable des fautes et des contraventions commises dans le service par son équipage.

34. Les bateaux d'aide, comme ceux des pilotes, seront sous l'inspection du Sous-Directeur des mouvements du port, sous la surveillance des Officiers du port de commerce et sous les ordres du Commissaire de l'inscription maritime.

35. Les bateaux d'aide convenablement armés, qui, sur la demande des capitaines ou de leurs correspondants, auront été employés à l'entrée ou à la sortie des navires du port ou des bassins, pour aller en rade ou à tout autre service équivalent, seront payés à raison de neuf francs pour chaque corvée.

36. Les canots des pilotes que leur service n'appellera point ailleurs pourront être employés comme bateaux d'aide, et ils devront l'être autant que possible de préférence à tous autres.

37. Tout bateau d'aide qui aura quitté un navire avant d'avoir été congédié par le capitaine ou le pilote du bord, ou qui n'aura point volontairement terminé sa corvée, ne recevra aucun salaire, et le patron pourra même être puni suivant la gravité du cas.

38. Tout capitaine qui, à défaut de pilote, jugera à propos d'appeler à son bord un pêcheur de la côte, depuis le cap de la Hague jusqu'à celui de Barfleur, pour en obtenir assistance, sera tenu de payer audit pêcheur, lorsqu'il l'aura fait monter à bord, savoir :

	Français ou assimilés.	Etrangers non assimilés.
Navires au-dessous de 200 tonneaux	20f 00c	30f 00c
Navires de 200 tonneaux et au-dessus	30 00	45 00

39. Lorsqu'un navire en dehors des passes fera appel d'un pilote dans l'intention seulement de communiquer, il paiera les droits comme s'il était venu au mouillage ; mais le pilote sera tenu de remplir fidèlement la commission qui lui aura été donnée par le capitaine, sous peine de restitution de ses salaires, et de plus forte punition, suivant la gravité de la faute.

40. Lorsqu'un pilote, d'après la réquisition du capitaine, sera resté à bord d'un navire sur la rade, il lui sera payé une indemnité de trois francs par jour et de trois

francs par nuit, indépendamment de la ration. Si le marin laissé à bord n'est pas pilote ou aide pilote, il ne recevra que deux francs par jour et deux francs par nuit, indépendamment de la ration.

41. Dans le cas où un pilote serait appelé à bord pour changer un navire de place, soit dans le bassin, soit dans l'avant-port, il lui serait alloué six francs pour cette opération ; s'il était obligé de se servir de son canot comme bateau d'aide, il aurait droit à douze francs pour cette opération.

42. Il est bien entendu que le présent tarif s'applique également et de la même manière, soit qu'il s'agisse du port militaire ou du port de commerce.

43. Il sera accordé aux pilotes pour la conduite des bâtiments du port militaire dans celui du commerce, ou de celui-ci dans le port militaire, dix centimes par tonneau pour les navires français ou assimilés, et quinze centimes par tonneau, pour les bâtiments étrangers non assimilés.

44. Lorsqu'un pilote aura abordé un bâtiment destiné à mouiller sur la rade ou à entrer dans le port, il lui fera immédiatement arborer son pavillon de nation et il en sera de même à la sortie. Aucun navire ne pourra également entrer dans le bassin ou

en sortir, sans avoir son pavillon arboré.

45. L'entrée du grand port sera toujours permise aux pilotes qui viendront par mer, soit pour le service des bâtiments de l'État soit pour celui des navires du commerce.

SERVICE DU HALAGE.

Art. 1er. Le halage des bâtiments, tant à l'entrée qu'à la sortie du port de commerce, sera dirigé par un maître haleur nommé par le tribunal du commerce.

Ce maître est sous les ordres immédiats des Officiers du port de commerce et sera révoqué de ses fonctions sur la requête du Directeur des mouvements du port ou celle du Commisssaire de l'inscription.

2. Tout capitaine, à l'entrée ou à la sortie du port de Cherbourg, pourra faire haler son bâtiment par les hommes de son équipage; mais dans le cas où, par la lenteur de sa manœuvre, il retarderait le mouvement d'autres navires, l'Officier du port donnera l'ordre au maître haleur de le faire haler, et le capitaine paiera le droit de halage fixé à l'article suivant.

3. Pour le halage à la sortie du port, il sera employé quatre haleurs pour les navires de vingt tonneaux et au-dessous, six

hommes pour ceux au-dessus de vingt tonneaux, jusqu'à trente inclusivement. Pour les navires au-dessus de trente tonneaux, le nombre des haleurs est fixé à deux hommes par dix tonneaux. Ces hommes devront haler les navires depuis le port jusqu'au bout de la jetée de l'est. Il sera alloué soixante centimes à chacun de ces haleurs par navire.

4. Pour le halage à l'entrée du port, il sera employé le même nombre d'hommes que pour la sortie, en raison de la jauge du navire ; ils devront haler depuis le bout de la jetée de l'est jusqu'au port ; ils seront payés cinquante centimes par homme et par navire.

5. Il est interdit aux haleurs de monter à bord des navires et d'en faire le pilotage.

6. Le maître haleur sera tenu de fournir les drômes nécessaires aux navires qui, en entrant, ne pourraient jeter ou envoyer leurs amarres à terre, et il lui sera payé un franc pour chaque navire qui en aura fait usage.

Outre le loyer des drômes, il sera payé par le capitaine au maître haleur, dix pour cent des salaires de tous les haleurs qu'il aura employés ; mais dans aucun cas, sa rétribution ne pourra être moindre que celle d'un haleur.

7. Lorsqu'un grand nombre de navires devront entrer dans le bassin à la même marée, ou en sortir, les Officiers de port pourront ordonner qu'ils soient halés de terre par les haleurs du port, auxquels il sera payé dix centimes par homme et par navire pour haler dans le passage du port au bassin. Pour ce, il sera employé un haleur par dix tonneaux de la jauge du navire; ce halage sera dirigé par un Officier de port et ne concernera en rien le maître haleur.

8. Le maître haleur sera chargé de procurer les hommes nécessaires aux halages, de recevoir des capitaines le montant de la taxe et de payer les haleurs, envers lesquels il sera responsable de leurs salaires. Pour cet effet, et autant que faire se pourra, il verra avant la marée les capitaines des navires qui devront être halés et recevra d'eux à l'avance le montant du halage, dont il leur donnera un reçu, sauf à rendre la somme, si le halage n'avait pas lieu.

Cependant si le halage devait avoir lieu la nuit, et que le soir, le maître haleur eût commandé des hommes, le navire sortant sera obligé de payer ces hommes, quand bien même il pourrait s'en passer.

9. Hors les moments que le maître haleur doit aux fonctions qui lui sont attribuées,

il se tiendra le plus souvent possible au bureau du Capitaine du port, afin d'être à portée de recevoir ses ordres et instructions, et de satisfaire aux demandes des armateurs, correspondants ou capitaines.

En cas d'insuffisance ou d'empêchement de ce maître haleur, il se fera suppléer ou seconder par un homme de son choix, des actions duquel il sera responsable.

10. Toutes les difficultés qui pourraient s'élever sur l'exécution du service de halage seront d'abord soumises au Capitaine de port, qui tâchera de les aplanir; s'il ne peut y réussir, il en référera au Président du tribunal de commerce, et si celui-ci ne peut parvenir à concilier les parties, on aura recours aux voies judiciaires.

STATIONS D'OMONVILLE-LA-GRANDE ET DE DIÉLETTE.

Art. 1er Deux pilotes desserviront la station d'Omonville; un seul sera affecté au port de Diélette. Ils piloteront à l'entrée, à la sortie et au passage de la Déroute; ils seront en outre la maneurs pour l'entrée et la sortie du havre ou port de leur station.

Chacun de ces pilotes est tenu d'avoir un bateau en bon état, armé au moins de trois hommes, lui compris.

2. Les pilotes des stations de Diélette et d'Omonville pourront prendre à la mer des bâtiments de l'État et du commerce et les piloter jusque sur la rade de Cherbourg, si les capitaines veulent les accepter; dans ce cas ils seront payés comme l'aurait été le pilote de Cherbourg, s'il se fût trouvé à leur place.

Toutefois si un pilote de la station de Cherbourg se présentait à bord du même navire à deux milles au moins au large de la Digue, il prendrait immédiatement la conduite du bâtiment et serait également payé de ses droits de pilotage. S'il accostait le navire à une moins grande distance, il ne lui serait payé que la somme due dans le cas où il aurait abordé le navire dans les passes.

Mais s'il ne l'abordait pas en dehors des passes, il n'aurait droit à rien.

Il est bien entendu qu'aussitôt qu'un pilote de la station de Diélette ou d'Omonville aurait été reçu à bord d'un bâtiment de commerce, il ferait arborer en tête du mât de misaine son pavillon de station.

Pilotage des Bâtiments de l'État.

3. Les pilotes des stations d'Omonville-

la-Grande et de Diélette qui seront chargés de conduire des bâtiments de l'État, de Cherbourg à Granville ou Cancale, seront payés de leur pilotage d'après les fixations ci-après, ils recevront en outre la conduite des maîtres chargés, depuis la station où ils résident, jusqu'à Cherbourg, et la conduite de retour de Granville à leur station: (deux francs par myriamètre).

DÉSIGNATION DES BATIMENTS.	EN TEMPS de paix.	EN TEMPS de guerre.
Vaisseaux	160f 00c	240f 00c
Frégates et bâtiments à vapeur au-dessus de 400 chevaux . . .	120 00	180 00
Corvettes à trois mâts et bâtiments à vapeur de 201 à 400 chevaux	80 00	120 00
Corvettes-avisos, bricks et bâtiments à vapeur de 101 à 200 chevaux	60 00	90 00
Flûtes ou gabares de 600 tonneaux et au-dessus.	80 00	120 00
Flûtes et gabares de 400 à 600.	60 00	90 00
———————— de 200 à 400.	55 00	80 00
———————— de 100 à 200, et bâtiments à vapeur au-dessous de 100 chevaux.	40 00	55 00
Bâtiments au-dessous de 100 tonneaux	25 00	40 00

4. Le pilotage de Cherbourg ou d'Omonville-la-Grande à Dièlette sera payé à raison des trois dixièmes du prix du tableau ci-dessus ;

De Diélette à Carteret ou Portbail, les deux dixièmes ;

De Carteret ou Portbail à Granville, les cinq dixièmes ;

De Carteret ou Portbail à Saint-Malo, les six dixièmes ;

Les mêmes prix prix seront alloués au pilote, pour la conduite de l'un de ces ports à Cherbourg.

5. Si, par quelque événement, le pilote séjournait à bord d'un bâtiment de l'état pendant un temps tel qu'il deviendrait plus avantageux pour lui d'être payé au mois, d'après la solde de pilote côtier, il recevrait cette solde, sans égard à la fixation ci-dessus par voyage.

6. Les pilotes, indépendamment de leur pilotage, seront payés de la conduite de retour à leur résidence, comme les maîtres chargés (deux francs par myriam.)

Pilotage des bâtiments du commerce.

7. Il sera payé aux pilotes pour le passage de la Déroute, qui s'étend depuis Omonville-la-Grande jusqu'à Granville, pour tout sa-

laire et conduite de retour, savoir, de Cherbourg ou d'Omonville-la-Grande à Granville :

	Français ou étrangers assimilés aux français.	Etrangers non assimilés aux français.
Navires de 50 tonn. et au-dessous	57f 50c	86f 25c
——de 51 à 100 tonneaux . .	69 00	103 50
——de 101 à 150 idem	80 50	120 25
——de 151 à 200 idem . . .	92 00	138 00
——de 201 à 300 idem	103 50	155 25
——de 301 à 350 idem	115 00	172 50
Au-dessus de 350, une augmenmentation pour chaque 50 tonneaux de	11 50	17 25

De Cherbourg ou d'Omonville-la-Grande à Diélette, les trois dixièmes des prix ci-dessus ;

De Diélette à Carteret ou Portbail, les deux dixièmes ;

De Carteret ou Portbail à Granville, les cinq dixièmes, et *vice versâ* pour le retour.

Le pilote sera en outre nourri aux frais du navire pendant la durée du voyage.

8. En temps de guerre, tous les prix ci-

dessus seront augmentés d'un tiers pour les navires français ou assimilés aux français, et de moitié pour les étrangers non assimilés aux français.

9. Lorsqu'un navire piloté dans la Déroute entrera, pour une cause quelconque, dans un des ports ou havres d'Omonville-la-Grande et Diélette, le pilote qui en avait la conduite devra cesser ses fonctions dès le moment où un pilote du port d'entrée se sera présenté à bord, et si le navire ne fait qu'une relâche, ce sera ce dernier pilote qui aura la conduite dudit navire pour la suite du voyage.

10. Il est loisible à tout capitaine de navire de faire usage de pilotes lamaneurs pour l'entrée ou la sortie des ports ou havres d'Omonville-la-Grande et de Diélette. Dans le cas où ces lamaneurs seraient employés pour l'entrée desdits ports ou havres, leurs salaires seraient fixés comme suit, savoir :

Navires français ou étrangers assimilés aux français, douze centimes par tonneau; navires étrangers non assimilés, dix-huit centimes par tonneau. Pour ceux sur lest, il ne sera payé que la moitié desdits salaires.

Au moyen de ces prix, le pilote sera tenu d'avoir toujou son bateau armé et équipé, pour servir à tous les besoins du navire, jusqu'à ce qu'il soit amarré en lieu sûr ou mis hors des passes.

11. Il sera payé pour la sortie, savoir :

	Français ou étrangers assimilés aux français.	Etrangers non assimilés aux français.
Par tonneau, chargés	0f 12c	0f 18c
Idem, sur lest.	0 08	0 12

12. Attendu que les fixations ci-dessus pourraient être insuffisantes dans leur application aux navires de petite contenance, il ne sera jamais payé aux pilotes, dans le cas dont il s'agit, moins de, savoir :

Pour l'entrée ou pour la sortie :	Français ou étrangers assimilés aux français.	Etrangers non assimilés aux français.
Navires chargés	6f 00c	9f 00c
Idem sur lest	5 00	7 50

13. Les pilotes des stations d'Omonville-la-Grande et de Diélette sont sous la surveillance immédiate des syndics des gens de mer de ces deux endroits. Ceux-ci ren-

dront compte au Commissaire de l'inscription maritime des infractions au présent réglement, qui parviendront à leur connaissance, et en provoqueront la punition.

14. Tout pilote forcé par les circonstances de monter à bord d'un navire venant d'un pays suspecté de contagion, ou qui aurait été visité par un navire suspect, interdira de suite toute communication jusqu'à ce que l'autorité ait statué.

Il lui sera payé par le capitaine six francs par vingt-quatre heures, et en outre il sera nourri, le tout pendant que le navire ne sera pas admis à la libre pratique.

15. Lorsqu'un pilote sera requis par le capitaine de séjourner à bord du navire, il lui sera payé par ledit capitaine trois francs par nuit et trois francs par jour, et, en outre, il recevra la ration du bord.

Si c'est un marin autre qu'un pilote, il ne recevra que la moitié de ces prix, plus la nourriture.

16. Dans le partage des salaires acquis par les pilotes, il y aura toujours deux lots pour les pilotes, un lot pour le bateau et un lot pour chacun des hommes formant l'équipage.

QUARTIER DE LA HOUGUE.

Port de Barfleur.

1. Le nombre des pilotes lamaneurs pour le port de Barfleur reste fixé à quatre et un aspirant pilote.

2. Le réglement de Cherbourg pour les salaires et les obligations des pilotes est commun au port de Barfleur.

Port de la Hougue.

3. Le nombre des pilotes lamaneurs pour le port de la Hougue reste fixé à six et un aspirant pilote.

4. Le réglement de Cherbourg pour les salaires et obligations des pilotes est commun au port de la Hougue.

Port ou havre d'Isigny.

5. Le nombre des pilotes lamaneurs pour le port ou havre d'Isigny reste fixé, savoir

Pilotes, huit ;

Aspirants, deux.

6. Chaque pilote est tenu d'avoir un bateau en bon état, armé au moins de trois hommes, lui compris ; il devra constamment porter son pavillon à tête de mât quand il sera à la mer ou en rivière.

7. Il sera payé aux pilotes lamaneurs, pour l'abordage des bâtiments pris en rade ou

hors des bancs, d'après le port en tonneaux, les prix portés au tarif suivant :

	Français ou étrangers assimilés aux français.	Etrangers non assimilés aux français.
Pour un bâtiment de 29 tonneaux et au-dessous.	9f 00c	12f 00c
Pour un bâtiment de 30 à 45 . .	14 00	18 67
Pour un bâtiment de 46 à 59 . .	16 00	21 34
Pour un bâtiment de 60 et au-dessus	25 00	33 34

8. Les navires sortant desdits ports pour aller en rade ou hors des passes paieront aux pilotes les mêmes prix que pour l'entrée.

Il en sera ainsi pour ceux qui se rendront d'Isigny à Carentan, et de Carentan à Isigny.

9. Tout navire au-dessus de dix-neuf tonneaux sera tenu, tant à l'entrée qu'à la sortie, de prendre un pilote ; si un capitaine s'y refusait, il paierait le pilote comme s'il s'en était servi.

10. Lorsque les pilotes n'aborderont un navire que dans les passes, c'est-à-dire entre la rade et le Grouin, leur salaire sera

réduit d'un tiers, et de moitié s'ils ne l'abordent qu'au Grouin.

Les navires qui mouilleront au Grouin paieront trois francs de pilotage.

11. Chaque voyage d'un pilote avec son bateau au Grouin, à bord des bâtiments, lorsqu'il en aura été requis, sera payé trois francs.

12. Lorsqu'un navire se trouvant en danger en rade, dans un temps de tempête ou de grosse mer, fera signal de détresse, en mettant son pavillon en berne, les pilotes seront tenus de se rendre à bord ; et, dans ce cas, le premier qui abordera le bâtiment ou mettra le pied à bord sera payé de la somme de trente francs.

Si le signal ou appel a été fait de beau temps, le paiement du pilote sera de six francs.

Les prix ci-dessus sont indépendants de de ceux fixés par les articles 7, 8 et 10.

13. Lorsqu'un pilote n'aura pas mouillé convenablement un bâtiment, il sera tenu de le réappareiller pour le mettre en sûreté, sous peine, en cas de refus, d'être contraint à la restitution des salaires qu'il aurait reçus.

Celui qui remettra à la marée suivante l'amarrage d'un bâtiment ne pourra exiger d'augmentation de salaire ni indemnité.

14. Lorsque le pilote sera requis par le capitaine de rester à bord, il aura droit à trois francs par jour, trois francs par nuit et la nourriture.

15. Le réglement de Cherbourg, en ce qui n'est pas contraire aux dispositions ci-dessus, est applicable au sous-quartier d'Isigny et aux ports de Barfleur et de la Hougue.

Dans ces trois stations les pilotes sont sous la surveillance immédiate des syndics des gens de mer, qui rendront compte au Commissaire de l'inscription maritime du quartier, des infractions que ces pilotes pourraient commettre dans leur service, et en provoqueront la punition.

Les mêmes syndics statueront également sur les contestations relatives aux salaires et indemnités des pilotes, sauf recours au tribunal de commerce en cas de non-conciliation.

Station de Brévands.

16. La station de Brévands sera composée de trois pilotes et d'un aspirant pilote.

17. Le tarif de pilotage d'Isigny est entièrement applicable à la station de Brévands.

QUARTIER DE CAEN.

Rivière d'Orne.

Art. 1er. Il y aura deux stations de pilotes lamaneurs qui concourront également à l'entrée et à la sortie des bâtiments dans la rivière d'Orne; l'une à Ouystreham, composée de seize pilotes et quatre aspirants; l'autre à Sallenelles; composée de douze pilotes et trois aspirants. Tous seront tenus de résider dans le chef-lieu de la station à laquelle ils appartiennent.

2. Le maître de port de chacune de ces stations sera chargé, sous la surveillance du syndic des gens de mer, de maintenir le bon ordre et la discipline parmi les pilotes, comme de veiller à l'exécution du présent réglement et des dispositions, prescrites par le décret du 12 décembre 1806, en ce qui concerne le service du pilotage et les obligations imposées aux pilotes.

3. Chaque pilote est obligé d'avoir un bateau susceptible de tenir la mer d'un gros temps, de l'armer de cinq hommes, lui compris; de le conserver garni de rames, voiles et ancres, pour être toujours en état de sortir au premier signal, et d'être le plus constamment possible en croisière en dehors

de l'embouchure de la rivière, afin d'être à portée d'aller promptement au-devant des navires et de leur prêter secours au besoin.

Les pilotes qui refuseraient de sortir au premier ordre qui leur serait donné par le maître du port ou le syndic, ou qui resteraient à terre plus de deux jours de suite sans aller en croisière, à moins d'empêchement légitime et dument justifié, seront, sur le rapport du syndic, punis conformément aux dispositions de l'article 50 du décret du 12 décembre 1806.

4. Tous les bâtiments au-dessus de trente tonneaux entrant dans la rivière d'Orne, ou sortant de cette rivière, seront assujettis à prendre un pilote; les maîtres ou capitaines qui s'y refuseraient seront tenus de le payer comme s'ils s'en étaient servis, sans être affranchis de la responsabilité et des peines qu' ils encourront, aux termes de l'article 34 du décret précité, en cas d'événements funestes.

5. Les droits de pilotage pour la rivière d'Orne, tant en montant qu'en descendant, seront payés comme ci-après :

TONNAGE DES NAVIRES.	NAVIRES français ou assimilés aux français.	NAVIRES étrangers non assimilés aux français.
20 tonneaux et au-dessous.	12f 00c	18f 00c
21 à 25.	13 10	19 55
26 à 30.	14 25	21 40
31 à 35.	15 35	23 05
36 à 40.	16 50	24 75
41 à 45.	17 65	26 50
46 à 50.	18 75	28 15
51 à 55.	19 90	29 95
56 à 60.	21 00	31 50
61 à 65.	22 15	33 20
66 à 70.	23 25	34 90
71 à 75.	24 40	36 60
76 à 80.	25 60	38 25
81 à 85.	26 65	40 00
86 à 90.	27 75	41 60
91 à 95.	28 90	43 35
96 à 100.	30 00	45 00
101 à 110.	32 25	48 40
111 à 120.	34 50	51 75
121 à 130.	36 75	55 15
131 à 140.	39 00	58 50
141 à 150.	41 25	61 90
151 à 160.	43 50	65 25
161 à 170.	45 75	68 65
171 à 180.	48 00	72 00
181 à 190.	50 25	75 40
191 à 200.	52 50	78 75

Les prix fixés pour les navires du commerce sont applicables aux bâtiments du roi.

6. Les droits, quant à l'entrée, ne comprennent le pilotage que depuis la pleine mer jusqu'à Colombelles seulement.

Les navires français, ou les étrangers assimilés aux français, jaugeant moins de soixante et dix tonneaux, sont dispensés de se faire piloter au-delà de Colombelles, et les pilotes pourront les quitter audit lieu.

Pour les navires étrangers au-dessus de cette jauge, et pour les étrangers non assimilés, quel que soit leur tonnage, le pilote sera tenu de les conduire jusqu'à ce qu'ils soient amarrés au quai de Caen ; mais alors il lui sera payé, en sus du tarif, une indemnité de trois francs pour les navires français, et de quatre francs cinquante centimes pour les étrangers.

La même indemnité sera payée par les capitaines des navires français ou des étrangers assimilés aux français, jaugeant moins de soixante et dix tonneaux, lorsqu'ils voudront conserver leur pilote jusqu'à Caen.

Pour la sortie, les pilotes seront tenus de venir prendre les navires au quai de Caen, et de les conduire en dehors des bancs de l'entrée de la rivière, sans aucune augmentation de salaire.

7. Les navires entrant ou sortant sur lest, et ceux de relâche, ne paieront que moitié droit.

A l'égard de ceux qui ne monteraient pas jusqu'à Caen, ou dont le pilotage, soit en montant soit en descendant, n'aurait pas lieu ou ne serait pas acquis en entier, les droits seront réglés proportionnellement à la distance parcourue, comme suit :

De la haute mer jusqu'à la pointe du Siège, ou entré en rivière, demi-droit; de la pointe du Siège au Maresquay, ou au lieu dit des Cérisiers, un quart de droit.

8. Le tonnage sera déterminé pour la perception des droits, par l'acte de francisation, le congé ou le rôle d'équipage, pour les navires français, et par le passe-port ou le certificat de jauge, pour les étrangers.

9. Les pilotes devant, ainsi qu'il a été dit à l'article 3, aller le plus loin possible au-devant des navires, et les prendre à la haute mer, pour avoir droit à la rétribution déterminée par le tarif, il leur sera fait déduction d'un quart ou plus de leur salaire, lorsqu'ils les joindront à moins d'une lieue au delà des bancs; et, afin d'assurer l'exécution de cet article, chaque pilote devra, en montant à bord, faire remarquer au capitaine ou maître du navire, la distance où il se trouve de l'entrée de la rivière.

10. Les pilotes des deux stations concourront indistinctement à l'entrée des bâtiments, et ceux de l'une ou de l'autre qui, les premiers, les auront accostés en auront la conduite exclusivement jusqu'à la destination.

Si cependant le capitaine veut faire choix d'un autre pilote pour la conduite de son navire, il en aura la faculté; mais alors il ne devra pas moins payer le droit entier au premier qui l'aura abordé.

11. Les pilotes des deux stations rouleront ensemble pour sortir les navires à tour de rôle ; le maître de port dressera, sous l'approbation du Commissaire de l'inscription maritime, une liste desdits pilotes, disposée de manière à ce que ceux, formant l'équipage d'un même bateau, puissent s'entre-suppléer pour le besoin et la convenance du commerce, sans préjudicier aux droits et intérêts des autres équipages.

12. Les capitaines des bâtiments qui se disposent à descendre la rivière seront tenus d'en prévenir, vingt-quatre heures à l'avance, le maître de port, qui dépêchera de suite un exprès, à leurs frais, pour avertir les pilotes de tour.

Lorsque ceux-ci, ainsi avertis, ne se trouveront pas au quai de Caen pour l'heure de la marée indiquée, il sera libre au capitaine d'en prendre un à son choix; celui à qui revenait la conduite du navire perdra son tour.

Si le navire ne part pas à la marée qui avait été indiquée, il sera payé au pilote un franc cinquante centimes par chaque marée de retard; et, en outre, la nourriture lui sera fournie à bord pendant tout le temps qu'il y sera retenu.

13. Lorsque les pilotes seront dans le cas de rester plus de douze heures à bord d'un navire en rade, soit par le manque d'eau pour entrer, soit par toute autre circonstance de navigation, il leur sera payé trois francs d'indemnité pour chaque jour qu'ils seront retenus au-delà de douze heures, et autant pour la nuit, indépendamment de la nourriture qui leur sera fournie par le bord, et sans préjudice des indemnités plus considérables auxquelles ils pourraient être en droit de prétendre, suivant les dispositions de l'article 24 du décret du 12 décembre 1806, eu égard aux dangers qu'ils auraient courus, aux peines qu'ils se seraient données, aux dommages qu'ils auraient soufferts par avarie ou perte de leur bateau.

14. Dans le cas où les pilotes fourniraient des matelots d'aide pour touer ou haler les bâtiments, il leur serait payé, pour chaque aide, un franc cinquante centimes par marée.

et pareille somme, aussi par marée, pour la chaloupe qui serait employée à la demande du capitaine.

S'ils fournissent une ancre, par suite de la même demande, il leur sera payé trois francs d'indemnité, quel que soit le temps pendant lequel elle sera employée.

Rivière de Dives.

15. Le nombre des pilotes lamaneurs, pour la rivière de Dives, reste fixé à deux et un aspirant pilote, qui seront tenus de résider à Beuzeval.

16. Tout bâtiment de vingt et un tonneaux et au-dessus sera assujetti à prendre un pilote à l'entrée et à la sortie de la Dives. Ils seront payés de leur pilotage, pour les bâtiments qu'ils aborderont en dehors de la balise du large, d'après le tarif ci-après; ce tarif sera appliqué aux navires étrangers, comme il est dit à l'article 5, en ce qui concerne le pilotage dans la rivière d'Orne;

	Français	Etrangers
Bâtiments de 20 a 25 tonn..	8f 00c	12f 00c
——— de 26 a 30.......	9 00	13 50
——— de 31 a 40.......	10 00	15 00
——— de 41 a 50.......	12 00	18 00
——— de 51 a 60.......	13 00	19 50
——— de 61 a 70.......	15 00	22 50
——— de 71 a 80.......	18 00	27 00
——— de 81 a 90.......	20 00	30 00
——— de 91 a 100.......	22 00	33 00
——— de 101 a 110.......	25 00	37 50
——— de 111 et au-dessus.	29 00	43 50

Le même droit sera payé pour la sortie des bâtiments pris en rade.

17. Si les pilotes n'abordent les bâtiments qu'en dedans de la balise, le droit de pilotage sera réduit d'un quart.

18. Lorsqu'un pilote, sur la demande du capitaine, ou par toute autre cause, sera obligé de passer les nuits à bord d'un bâtiment, il lui sera payé deux francs de plus par nuit.

19. Lorsqu'un capitaine voudra se servir d'une chaloupe pour le halage de son navire, en montant ou en descendant, et qu'il posera dans la rivière, il paiera, par marée, un franc à chacun des hommes de la chaloupe, plus

un franc pour le loyer de ladite chaloupe; mais s'il va à la mer, ou s'il arrive au quai dans la même marée, il paiera un franc vingt-cinq centimes à chacun des hommes, et autant pour le loyer de la chaloupe.

Dans tous les cas, l'équipage d'une chaloupe ne sera que de quatre hommes, à moins que le capitaine n'en exige un plus grand nombre.

PORT DE COURSEULLES.

ART. [er]. Il est établi une station de pilotes lamaneurs au port de Courseulles. Le nombre des pilotes est provisoirement fixé à trois, avec un aspirant pilote.

Tous seront obligés de résider à Courseulles.

2. Les pilotes seront tenus d'avoir une chaloupe à voiles, qui devra border au moins quatre avirons.

3. Ils seront payés de leur pilotage, pour l'entrée comme pour la sortie des bâtiments, d'après le tarif suivant, savoir :

	Français	Etrangers
Bâtiments de 20 a 25 tonn..	4f 00c	6f 00c
——— de 26 a 30.......	5 00	7 50
——— de 31 a 40.......	6 00	9 00
——— de 41 a 50.......	7 50	11 25
——— de 51 a 60.......	9 00	13 50
——— de 61 a 70.......	10 50	15 75
——— de 71 a 80.......	11 50	17 25
——— de 81 a 90.......	12 00	18 00
——— de 91 a 100.......	13 00	19 50
——— de 101 a 125.......	15 00	22 50
——— de 126 a 150.......	17 00	25 50
——— de 151 a 175.......	20 00	30 00
——— de 176 a 200.......	23 00	34 50

Les prix fixés pour les navires du commerce sont applicables aux bâtiments du Roi qui pourraient venir à Courseulles.

4. Si les pilotes n'abordent les navires que dans la ligne des rochers ou entre ces rochers et la terre, leur pilotage sera réduit d'un tiers. Si les navires ne sont abordés qu'à la tête de la jetée, le pilotage sera réduit de moitié.

En dedans de la jetée, ils n'auront droit à aucun salaire, sauf le cas de force majeure dûment constaté.

5. Si le pilote est obligé de passer plusieurs marées à bord du navire, il lui sera payé un

franc cinquante centimes par marée, et il sera nourri par le bâtiment.

6. Lorsqu'un capitaine ou maître requerra le service d'une chaloupe, soit pour entrer dans le port, soit pour en sortir, il sera payé un franc cinquante centimes à chaque homme par marée, et même somme pour le loyer de la chaloupe, dont l'équipage aidera à amarrer le navire.

7. Tous les bâtiments de vingt et un tonnaux et au-dessus sont assujettis à prendre un pilote, à l'entrée comme à la sortie du port.

Les capitaines ou maîtres qui s'y refuseraient seront tenus de le payer comme s'ils s'en étaient servis.

8. Les navires sur lest et ceux de relâche, les bateaux qui font le transport des huîtres et les pêcheurs de marée, ne paieront, à l'entrée comme à la sortie du port, que la moitié du droit de pilotage.

Les pêcheurs de la côte seront censés sur lest chaque fois qu'il ne feront point la vente à Courseulles du produit de leur pêche. Toutefois il ne pourra être payé moins de trois francs pour le pilotage de ces bateaux.

9. Les bateaux au-dessus de vingt tonneaux, destinés pour Courseulles, ne paieront également pas moins de trois francs le droit de pilotage.

10. Les pilotes de Courseulles sont sous la surveillance du syndic des gens de mer de cette résidence. Ils seront tenus, comme ceux des autres stations du quartier de Caen, de se conformer aux lois ordonnances, et réglements, tant sur le service du pilotage en général, que sur la police sanitaire.

Le syndic rendra compte au Commissaire de l'inscription maritime du quartier des infractions et fautes que les pilotes pourraient commettre, et en provoquera la punition.

Fait et arrêté en séance à Cherbourg, le 10 mars, par nous, Membres composant la Commission centrale de révision.

Signé : VIERVILLE, LE BOUFFY, COSTÉ.

Vu par le Conseil d'administration du port, et soumis, avec un avis favorable, à l'approbation de S. E. le Ministre de la marine.

En séance à Cherbourg, le 11 avril 1843.

Signé : LE CLÈRE, REIBELL, DE PÉRONNE, LE FEBVRE, V. GAULTIER, COSTÉ, E. LAINÉ, VIERVILLE, secrétaire.

Vu pour être annexé à l'ordonnance du 4 juin 1843.

Le Ministre secrétaire d'État de la marine et des colonies,

Signé : Amiral ROUSSIN.

ORDONNANCE DU ROI.

Neuilly, le 4 juin 1843.

LOUIS-PHILIPPE, Roi des Français, à tous présents et à venir, SALUT :

Sur le rapport de notre Ministre secrétaire d'État de la marine et des colonies,

Vu la loi du 15 août 1792 sur le pilotage;

Vu les articles 41 et 42 du décret du 12 décembre 1806, portant réglement sur le service des pilotes lamaneurs,

Nous avons ordonné et ordonnons ce qui suit :

Art. 1er. Les réglements et tarifs de pilotage arrêtés les 11 avril et 16 mai derniers par le Conseil d'administration de la marine, séant au chef-lieu du premier arrondissement, pour les quartiers de Dunkerque, Calais, Boulogne, Saint-Valery-sur-Somme, Tréport, Dieppe, Fécamp, le Havre, Honfleur, Rouen, Caen, la Hougue et Cherbourg, sont approuvés,

Lesdits réglements et tarifs seront exécutés selon leur forme et teneur, jusqu'à ce qu'ils aient été légalement renouvelés ; et il sera procédé à leur révision dans l'année

1849, à moins que des circonstances extraordinaires ne rendent nécessaire de dévancer cette époque.

Art. 2. Notre Ministre secrétaire d'État au département de la marine et des colonies, est chargé de l'exécution de la présente ordonnance.

A Neuilly, le 4 juin 1843.

Signé : LOUIS-PHILIPPE.

Par le Roi :

Le Ministre secrétaire d'État de la marine et des colonies.

Signé : Amiral ROUSSIN.

Pour copie conforme :

Le Ministre secrétaire d'État de la marine et des colonies,

Signé : Amiral ROUSSIN.

Pour copie conforme :

Le Commissaire général,

V. GAULTIER.

DÉCRET

Contenant Réglement sur le Service du Pilotage,

DU 12 DÉCEMBRE 1806.

CHAPITRE 1er.

Conditions pour l'admission des Pilotes lamaneurs, leur Examen, leurs Fonctions et les Marques distinctives de leur état.

Art. 1er. Le Ministre de la marine et des colonies fixera le nombre des pilotes lamaneurs dans chaque port, où il en existe, et dans ceux où il sera jugé nécessaire d'en établir, sur les propositions des Chefs d'administration de la marine et de l'avis des Chambres du commerce.

2. Nul ne pourra être reçu pilote lamaneur ou locman, s'il n'est âgé de 24 ans; s'il n'a au moins six ans de navigation, pendant lesquels il aura fait deux campagnes de trois mois au moins au service de l'État, et s'il n'a satisfait à un examen sur la manœuvre, la connaissance des marées, des bancs, courants, écueils et autres empêchements qui peuvent rendre difficiles l'entrée et la sortie des rivières, ports et havres du lieu de son établissement.

Les services sur les bâtiments de l'État, comme ceux sur les navires du commerce, devront être extraits des rôles d'armement, et certifiés par les Administrateurs de lamarine.

3. L'examen des pilotes sera fait en présence de l'Administrateur du quartier des classes, par un Officier de vaisseau ou de port, deux anciens pilotes lamaneurs et deux capitaines du commerce, qui seront nommés par l'Officier commandant du port.

Cet examen sera gratuit; et il est défendu à ceux qui se feront recevoir pilotes lamaneurs de payer aucun droit ni rétribution aux examinateurs, et à ceux-ci d'en recevoir, sous peine de destitution.

4. Lorsque plusieurs marins concourront pour une place de pilote lamaneur, celui qui sera jugé avoir subi l'examen prescrit de la manière la plus satisfaisante, sera admis de préférence.

5. Le Ministre de la marine fera expédier une lettre d'admission à chacun des pilotes lamaneurs admis ; cette lettre sera enregistrée au bureau de l'inscription maritime de leur résidence.

6. Pour être reconnus en leur qualité, les pilotes porteront une petite ancre d'argent de 50 millimètres (2 pouces), à la boutonnière de leur habit ou gilet.

7. Les fonctions des pilotes lamaneurs exigeant un service continuel, et qu'il serait dangereux d'interrompre, ils seront exempts d'être levés et commandés pour le service de l'État, et pour tout autre service personnel.

CHAPITRE II.

Remplacement des Pilotes.

8. Il y aura des aspirants pilotes, dont le nombre ne pourra excéder le quart des pilotes lamaneurs, et qui seront destinés à les seconder et à les remplacer : les marins admis à servir en qualité d'aspirants, devront avoir subi le même examen que celui des pilotes.

9. Tout pilote qui, par son grand âge ou ses infirmités, sera hors d'état de remplir complètement son service, sera obligé d'en prévenir l'administrateur préposé à l'inscription maritime, qui l'autorisera à s'adjoindre, s'il y a lieu, l'aspirant examiné le plus ancien, lequel sera tenu de faire le service, et de donner audit pilote le tiers des bénéfices ; et, à défaut de sa déclaration, l'administrateur du quartier maritime nommera un aspirant adjoint sous les mêmes conditions.

10. Toute place vacante par mort ou par démission sera donnée à l'aspirant admis

en cette qualité et le plus ancien au service, lorsque sa conduite sera sans reproche.

11. L'aspirant qui aura servi d'adjoint conservera ses droits à la première place vacante et sera remplacé auprès du pilote infirme par l'aspirant admis qui viendra immédiatement après lui.

CHAPITRE III.

Inspection et Police des Pilotes lamaneurs.

12. L'inspection du service des pilotes est exercée par les officiers militaires chefs des mouvements maritimes, par les officiers préposés à la direction du pilotage, et, en l'absence de ceux-ci, par les officiers des ports du commerce. Ces derniers rendront compte du résultat de leur inspection à l'administrateur de la marine en résidence dans les ports.

13. Lorsqu'il y aura plusieurs stations, les pilotes devront porter dans la partie supérieure de leurs voiles, et sur les deux côtés, au dessus de la bande du premier ris, la lettre initiale du nom de leur station, et les numéros qui leur seront indiqués par l'officier d'administration chargé de l'inscription maritime au lieu de leur résidence. La même lettre et le même numéro seront inscrits à l'arrière de leur chaloupe. 4

14. Les pilotes lamaneurs ne pourront, sous peine de huit jours de prison, s'écarter du lieu de leur domicile ou arrondissement, sans un congé par écrit de l'officier d'administration préposé à l'inscription maritime, qui ne devra en accorder que pour des causes absolument nécessaires. En cas de récidive, il en sera rendu compte au Ministre de la marine : il en sera de même si leur absence a excédé la durée de huit jours.

15. Les pilotes qui abandonneront leurs fonctions pour naviguer au petit cabotage, ou pour pratiquer les pêches lointaines, seront, par décision du Ministre, déchus de leur qualité de pilote lamaneur ; et, en conséquence, inscrits de nouveau sur la matricule des gens de mer de service : alors, ils seront commandés à leur tour pour servir sur les bâtiments de l'État.

16. Il sera tenu, au bureau de l'inscription maritime de chaque port, une matricule particulière où seront enregistrés les pilotes lamaneurs, leur âge, la date de leur admission comme aspirants et comme pilotes, les services signalés qu'ils auront rendus, les récompenses qui en auront été la suite, leurs manquements, leurs fautes graves et les punitions qu'ils auront subies ; enfin, la cessation de leurs services, soit par mort, démission ou infirmités.

17. Le service de pilote, dans chaque station, sera fait à tour de rôle pour la sortie ; néanmoins, tout capitaine qui voudra prendre un pilote à son choix, en aura la faculté; alors il paiera le pilotage en entier au pilote à qui revenait la conduite du navire, et audit cas, ce dernier perdra son tour.

18. Tout pilote, à quelque station qu'il appartienne, est tenu de faire la manœuvre convenable pour faciliter l'abordage de la chaloupe du pilote de la prochaine station par lequel il va être relevé ; il sera même tenu, lorsque le navire ne devra pas mouiller à la station où il le conduit, de faire le signal indiqué à l'art. 20 du présent règlement, dès qu'il sera en vue de cette station, afin que le pilote de tour se prépare et ne retarde pas le navire.

19. Tout pilote de tour qui ne se présentera pas vis-à-vis la station, à bord du navire qui aura fait le signal, aura perdu son tour, et le premier pilote de la même station pourra le remplacer ; à défaut, le pilote qui se trouvera à bord pourra conduire le navire à la station suivante, sans craindre d'être démonté, et il gagnera le pilotage.

20. Le signal qui annoncera le besoin d'un pilote, sera le pavillon français à la tête du grand mât, pour les bâtiments de l'État; à

la tête du mât de misaine, pour ceux du commerce; et pour l'un et l'autre, le pavillon en berne à la poupe.

21. Aussitôt que le pilote sera à bord d'un navire, il fera amener les pavillons; faute de quoi, il sera tenu de payer douze francs en dédommagement à chaque pilote qui se présenterait pour aborder le navire.

22. Si un bâtiment amené par un pilote dans un port, provient de pays suspects de contagion, et que ledit bâtiment ne puisse conséquemment être admis à la libre pratique, le pilote conduira le bâtiment à l'endroit fixé pour les visites et précautions sanitaires, sans communiquer avec lui, s'il est possible. Le pavillon de quarantaine sera arboré à la tête du mât d'artimon; et si le navire n'a qu'un mât, le pavillon sera frappé sur l'étai de beaupré, et d'une manière visible.

23. Lorsqu'un pilote aura abordé un bâtiment destiné à entrer dans le port, il lui fera arborer de suite le pavillon de sa nation, et il préviendra le capitaine qu'il doit faire éteindre tous les feux avant d'être en dedans du port. Il sera puni de huit jours de prison, si, avant de mettre un navire à quai, il ne lui a pas fait décharger ses fusils et canons, et transporter ses poudres à terre.

24. Les pilotes lamaneurs seront obligés de tenir toujours leurs chaloupes garnies d'avirons, voiles et ancres, et d'être en état d'aller au secours des bâtiments au premier ordre ou signal, ou lorsqu'ils les verront en danger, à peine, contre ceux qui s'y refuseraient, d'être poursuivis sur la dénonciation qui en sera faite, et d'être condamnés à un mois de prison ou à la peine d'interdiction, et même à une punition plus grave, si le cas y échoit ; sauf à faire taxer particulièrement, par le tribunal de commerce, leur salaire en cas de tempête, eu égard au travail qu'ils auront fait et aux risques qu'ils auront courus.

Tout pilote qui refuserait de marcher quand il en sera requis, sera puni de quinze jours de prison, et interdit en cas de récidive.

25. Le pilote lamaneur qui entreprendra, étant ivre, de piloter un bâtiment, sera condamné à la perte de son salaire, à un mois de prison, et destitué en cas de récidive. Il en serait de même s'il manquait au respect que tout individu doit au capitaine qui commande.

Si le manque de respect de la part du pilote était accompagné de menaces ou de voie de fait, le pilote serait arrêté et traduit devant le tribunal compétent, pour être jugé et puni suivant la gravité des faits.

26. Les lamaneurs doivent piloter les bâtiments qui se présentent les premiers, et il leur est, en conséquence, défendu de préférer les plus éloignés aux plus proches, à peine de vingt-cinq francs d'amende.

Cependant, si l'un des bâtiments en vue était en danger, les pilotes seraient tenus alors de l'aborder le premier, tout bâtiment en péril devant être secouru de préférence à tout autre.

27. Si le pilote se présente au bâtiment qui aura un pêcheur à bord, avant que les lieux dangereux soient passés, il sera reçu, et le salaire du pêcheur sera déduit sur celui du lamaneur, eu égard à la distance du lieu que le pêcheur aura parcourue à bord du bâtiment.

28. Tout pilote convaincu d'avoir fait quelque manœuvre tendant à blesser les intérêts des autres pilotes, ou d'avoir négligé celle dont l'omission aura produit le même effet, sera tenu de restituer ce qu'il aura perçu, et, en cas de récidive, sera puni d'un mois d'interdiction.

29. Il est défendu à tout marin qui ne serait pas reçu pilote lamaneur, de se présenter pour conduire les navires à l'entrée

et sortie des ports et rivières. Les contrevenants seront punis, la première fois, d'une amende qui ne pourra excéder cinquante francs et de trois mois de prison ; la peine sera double en cas de récidive.

30. Tout pilote est tenu de donner la préférence à un bâtiment de l'État, sous peine d'un mois de prison. La même peine sera infligée à celui qui aura évité de conduire un bâtiment de l'État, lorsqu'il en aura été requis ; en cas de récidive, il sera interdit et levé comme matelot de classe inférieure, pour le service de l'armée navale.

31. Tout pilote qui, s'étant chargé de conduire un bâtiment de l'État ou de commerce, et ayant déclaré en répondre, l'aura échoué ou perdu par négligence ou par ignorance, ou volontairement, sera jugé conformément à l'article 40 de la loi du 22 août 1790.

32. Le capitaine du bâtiment est tenu, aussitôt que le pilote lamaneur est à son bord, de lui déclarer combien son navire tire d'eau, sous peine de répondre des événements s'il a recélé plus de trois décimètres (10 pouces). Le capitaine doit aussi faire connaître la marche du navire, ses qualités et ses défauts, afin qu'il puisse se régler pour la manœuvre.

33. Il sera libre aux capitaines et maîtres de navires français et étrangers de prendre les pilotes lamaneurs que bon leur semblera pour entrer dans les ports et rivières, sans que, pour sortir, ils puissent être contraints de se servir de ceux qui les auront fait entrer.

34. Tout bâtiment entrant ou sortant d'un port, devant avoir un pilote ; si un capitaine refusait d'en prendre un, il serait tenu de le payer comme s'il s'en était servi. Dans ce cas, il demeurera responsable des événements ; et, s'il perd le bâtiment, sera jugé suivant l'article 31 du présent réglement.

Sont exceptés de l'obligation de prendre un pilote, les maîtres au grand et petit cabotage, commandant des bâtiments français au-dessous de quatre-vingts tonneaux, lorsqu'ils font habituellement la navigation de port en port, et qu'ils pratiquent l'embouchure des rivières.

Mais les propriétaires des navires, chargeurs, ou tous autres intéressés, pourront contraindre les capitaines, maîtres et patrons, à prendre des pilotes, et ils auront la faculté de les poursuivre devant les tribunaux, en cas d'avaries, échouements et naufrages occasionnés par le refus de prendre un pilote.

35. Il est expressément défendu aux pilotes de quitter les navires qu'ils conduiront,

avant qu'ils soient ancrés dans les rades, ou amarrés dans les ports, ainsi que d'abandonner ceux qu'ils sortiront avant qu'ils soient en pleine mer, au-delà des dangers, à peine de la perte de leurs salaires, de trente francs d'amende, d'interdiction pendant quinze jours, et de plus forte punition s'il y a lieu.

Il est défendu aux capitaines de retenir les pilotes au-delà du passage des dangers, et aux pilotes de monter à bord contre le gré des capitaines.

36. Tout pilote qui conduira un navire entrant sur son lest, ne souffrira pas qu'il soit mis du lest sur le pont, ni a portée d'être jeté à l'eau ; il s'opposera formellement à ce qu'il en soit versé dans les passes, rades, ports et rivières ; et s'il s'apercevait que, malgré sa défense, il en aurait été jeté à l'eau, il en rendra compte, aussitôt sa mission remplie, à l'Officier militaire chef des mouvements maritimes, à l'officier chef du pilotage, ou à l'officier de port du commerce.

Les pilotes qui négligeraient de faire de suite leurs rapports de cette contravention de la part des capitaines, seront punis de huit jours de prison ; les capitaines délinquants seront condamnés conformément à l'article 6, titre 4, liv. IV de l'ordonnance de

1681, à une amende de 500 francs, pour la première fois; et, en cas de récidive, leurs bâtiments seront saisis et confisqués.

37. Il est expréssement enjoint aux pilotes lamaneurs de visiter journellement les rivières, rades et entrées des ports où ils sont établis; de lever les ancres qui y auront été laissées sans bouées; d'en faire dans les vingt-quatre heures leur déclaration à l'officier militaire des mouvements maritimes, au bureau du pilotage et au capitaine de port du commerce.

38. S'ils reconnaissent quelques changements dans les fonds et passages ordinaires des bâtiments, et que les bouées, tonnes et balises ne soient pas bien placées, ils seront tenus de faire les déclarations prescrites par les articles 36 et 37.

39. Les maîtres et capitaines de navires, et les pilotes qui auront été forcés par la tempête ou autre accident, de couper leurs câbles et de laisser leurs ancres en rade, seront tenus d'y attacher, si faire se peut, des orins et bouées en bon état et capables de lever lesdites ancres, et d'en faire la déclaration prescrite par les art. 36 et 37.

Les ancres et câbles seront levés au premier temps opportun par les pilotes, et conduits à bord des bâtiments auxquels ils appartiennent, dans le cas où il n'y aurait pas déjà été pourvu par les équipages mêmes desdits bâtiments, ou par d'autres bâtiments.

Lorsque lesdites ancres seront trouvées sans bouées, il sera payé, si le bâtiment est français, pour droit de sauvetage, le quart de la valeur desdites ancres et câbles; le sixième, si elles sont trouvés avec les bouées. Pour un bâtiment étranger, il sera payé la moitié, si l'ancre est trouvée sans bouées, et le tiers, si elle a une bouée; le tout au dire d'experts qui seront nommés, l'un par le chef des pilotes, et l'autre par le capitaine ou maître du bâtiment.

Si l'ancre appartient à un bâtiment de l'État, elle sera levée par les soins de l'administrateur de la marine ou du capitaine de port, et les frais de sauvetage seront payés en proportion des travaux qui auront eu lieu.

CHAPITRE IV.

Des salaires des Pilotes.

40. Les pilotes ne pourront exiger une plus forte somme que celle portée au tarif dressé dans chaque port, sous peine de la restitution de la totalité du pilotage qu'ils auront reçu, d'être interdits pendant un mois, et, en cas de récidive, ils le seront à perpétuité.

41. Il sera dressé, dans chaque port où ce travail n'a pas encore été fait, et pour chaque station, un tarif des droits de pilotage pour les bâtiments nationaux et étrangers, conformément à la loi du 15 août 1792.

L'administration de la marine et le tribunal de commerce du lieu concourront à la rédaction de ce tarif, qui, avant d'être soumis par le Ministre de la marine et des colonies, à l'approbation de Sa Majesté en Conseil d'Etat, devra être préalablement examiné et discuté par le Conseil d'administration de la marine établi dans le chef-lieu de la préfecture maritime.

Lorsqu'il y aura lieu à modifier ces tarifs, il sera procédé de la même manière à leur révision.

Le même mode sera suivi, lorsque les Préfets maritimes reconnaîtront que, pour faciliter et assurer le service du pilotage dans les ports de leur orrondissement, il est nécessaire de déterminer, par des réglements particuliers et appropriés aux localités, les dispositions auxquelles les pilotes et les capitaines de navires devront être assujettis.

42. Lorsque, dans un port de commerce, les armateurs et négociants voudront se réunir pour entreprendre le service du pilo-

age, et que les pilotes attachés à ce port consentiront à l'arrangement qui leur sera proposé, les Préfets maritimes détermineront, conformément à la loi du 15 août 1792, les conditions d'après lesquelles le service du pilotage sera réglé, le nombre de chaloupes qui devra être constamment entretenu, la nature de leur armement, les salaires des pilotes, le mode de la recette des droits perçus sur les navires nationaux et étrangers, et l'inspection à laquelle le service sera soumis.

Dans ce cas, les négociants et armateurs éliront annuellement trois d'entre eux, lesquels, réunis à l'officier d'administration proposé à l'inscription maritime et à l'officier de marine chef des mouvements maritimes, ou à l'Officier chef de pilotage, formeront une commission administrative pour maintenir le bon ordre et la régularité dans le service du pilotage.

Tous les arrêtés de cette commission, avant d'être exécutoires, devront être soumis à l'examen de l'administrateur supérieur de la marine, lequel, lorsqu'il y aura lieu, prendra les ordres du Ministre.

Cet administrateur, et les trois négociants désignés par la chambre du commerce, se réuniront pour examiner et arrêter, dans le cours du mois de janvier, les comptes des recettes et dépenses faites pendant l'année précédente, par la commission administrative.

Dans les ports où le service du pilotage sera établi suivant le mode indiqué ci-dessus, il sera accordé, sur les fonds du pilotage, une solde de retraite aux pilotes que leur âge et leurs infirmités empêcheraient de continuer leurs fonctions, et qui auraient donné leur démission.

Cette solde sera réglée par la commission administrative, suivant la nature et la durée de leurs services. Tout ou partie de cette solde sera reversible à la veuve, à titre de pension alimentaire.

43. En cas de tempête et de péril évident, une indemnité particulière, fixée par le tribunal de commerce, sera payée par le capitaine au pilote : elle sera réglée sur le travail et les dangers qu'il aura courus.

44. Toutes promesses faites aux pilotes lamaneurs et autres mariniers, dans le danger du naufrage, sont nulles.

45. Les pilotes, rendus à bord du navire, pourront renvoyer de suite leurs chaloupes, à moins que le capitaine ne leur remette sur-le-champ une demande par écrit, de les laisser pour le service du navire; et, en

ce cas, il sera alloué au pilote la somme portée par le tarif arrêté dans le port, pour chaque jour que la chaloupe aura été employée à ce service.

46. Lors d'un gros temps, si la chaloupe d'un pilote, en abordant un navire à la mer, reçoit quelques avaries, elle sera réparée aux frais du navire et de la cargaison ; et il en sera de même si la chaloupe se perd en totalité.

47. Dans tous les cas, pour que les pilotes puissent réclamer une indemnité, ils seront tenus de produire un certificat du capitaine, qui constatera la perte des chaloupes ou leurs avaries ; et, si le capitaine s'y refusait, le fait sera constaté par l'enquête faite dans l'équipage du navire, et celui de ladite chaloupe.

48. Les courtiers et consignataires des navires étrangers sont responsables du paiement des droits de pilotage d'entrée et de sortie.

49. Pour assurer la perception des frais de pilotage, tous consignataires de navires seront tenus, dans les vingt-quatre heures de l'arrivée du navire à eux adressé, ou dont ils auront la consignation, de faire, au bureau du pilotage, ou au bureau du capitaine de port, s'il n'y a pas de bureau de pilotage,

une déclaration par écrit et signée d'eux, contenant les nom, espèce, pavillon et tonnage du navire; son tirant d'eau sous charge et lège; le nom du capitaine, maître ou patron; le lieu d'où il a été expédié; la date de son arrivée; le nombre de tonneaux chargés, et s'il est arrivé en relâche ou s'il est destiné pour le port.

Les consignataires seront tenus de faire pareille déclaration à la sortie.

CHAPITRE V.

Des tribunaux compétents pour les affaires du pilotage, en matière civile, correctionnelle et criminelle.

50. Les contestations relatives aux droits de pilotage, indemnités et salaires des pilotes, seront jugées par le tribunal de commerce du port.

Les pilotes lamaneurs qui devront être punis par des peines correctionnelles, telles que la prison ou l'interdiction pendant moins d'un mois, seront jugés par l'officier chef des mouvements maritimes, ou par celui préposé à la direction du pilotage; et en l'absence de ceux-ci, par l'officier de port du commerce, sous l'autorisation de l'administrateur supérieur de la marine, ou de celui préposé à l'inscription maritime.

Les délits qui devront donner lieu à des

peines plus graves, à des amendes et à des peines afflictives, seront jugés par les tribunaux de police correctionnelle et les cours de justice criminelle.

51. Lorsque les délits auront été commis à bord d'un bâtiment de l'État, ou que les faits seront, par leur nature, de la compétence de l'autorité maritime, et qu'ils intéresseront le service de l'État, ils seront jugés suivant les lois et réglements de la marine.

52. Dans tous les cas comportant punition, la punition sera double, lorsqu'un bâtiment de l'État aura été l'objet du délit.

53. Le montant des amendes prononcées contre les pilotes, par quelque tribunal que ce soit, sera versé dans la caisse des invalides de la marine du port où les délits et contraventions auront lieu.

54. Une expédition de tous les jugements prononcés contre les pilotes, sera adressée à l'administrateur de la marine, dans le quartier, sur les registres du quel le pilote sera inscrit, afin qu'il en soit pris note sur la matricule des pilotes.

55. Chaque pilote ou aspirant admis sera muni d'un exemplaire du présent réglement, lequel, dans chaque port, sera placardé dans le bureau de l'administrateur préposé à l'inscription maritime, dans celui du chef du pilotage et du capitaine de port.

56. Le Grand Juge Ministre de la justice, et le Ministre de la marine et des colonies, sont chargés, chacun en ce qui le concerne, de l'exécution du présent décret.

EXTRAIT

De la loi du 3 mars 1822, relative à la police sanitaire.

TITRE Ier.

6. Tout navire, tout individu qui tenterait, en infraction aux réglements, de pénétrer en libre pratique, de franchir un cordon sanitaire, ou de passer d'un lieu *infecté* ou *interdit* dans un lieu qui ne le serait point, sera, après due sommation de se retirer, repoussé de vive force, et ce, sans préjudice de peines encourues.

TITRE II.

Des peines, délits et contraventions en matière sanitaire.

7. Toute violation des lois et des réglements sanitaires sera punie :

De la peine de mort, si elle a opéré communication avec des pays dont les provenances sont soumises au régime de la *patente brute*, avec ces provenances, ou avec des lieux, des personnes ou des choses placés sous ce régime ;

De la peine de réclusion et d'une amende de deux cents francs à vingt mille francs, si elle a opéré communication avec des pays dont les provenances sont soumises au régime de la *patente suspecte*, avec ces provenances, ou avec des lieux, des personnes ou des choses placés sous ce régime ;

De la peine d'un an à dix ans d'emprisonnement et d'une amende de cent francs à dix mille francs, si elle a opéré communication prohibée avec des lieux, des personnes ou des choses qui, sans être dans l'un des cas ci-dessus spécifiés, ne seraient point en libre pratique.

Seront punis de la même peine, ceux qui se rendraient coupables de communications interdites entre des personnes ou des choses soumises à des quarantaines de différents termes.

Tout individu qui recevra sciemment des matières ou des personnes en contravention aux réglements sanitaires, sera puni des mêmes peines que celles encourues par le porteur ou le délinquant pris en flagrant délit.

8. Dans le cas où la violation du régime de la *patente brute*, mentionnée à l'article

p écédent, n'aurait point occasionné d'invasion pestilentielle, les tribunaux pourront ne prononcer que la réclusion et l'amende portées au second paragraphe dudit article.

9. Lors même que ces crimes ou délits n'auraient point occasionné d'invasion pestilentielle, s'ils ont été accompagnés de rebellion, ou commis avec des armes apparentes ou cachées, ou avec effraction, ou avec escalade,

La peine de mort sera prononcée en cas de violation du régime de la *patente brute*;

La peine des travaux forcés à temps sera substituée à la peine de réclusion, pour la violation du régime de la *patente suspecte*; et la peine de réclusion à l'emprisonnement, pour les cas déterminés dans les deux avant-derniers paragraphes de l'article 7.

Le tout indépendamment des amendes portées audit article, sans préjudice des peines plus fortes qui seraient prononcées par le Code pénal.

10. Tout agent du gouvernement au dehors, tout fonctionnaire, tout capitaine, officier on chef quelconque d'un bâtiment de l'Etat ou de tout autre navire ou embarcation, tout médecin, chirurgien, officier de santé, attaché, soit au service sanitaire, soit à un bâtiment de l'Etat ou du commerce,

qui officiellement, dans une dépêche, un certificat, un rapport, une déclaration ou une disposition, aurait sciemment altéré ou dissimulé des faits, de manière à exposer la santé publique, sera puni de mort, s'il s'en est suivi une invasion pestilentielle.

Il sera puni des travaux forcés à temps et d'une amende de mille francs à vingt mille francs, lors même que son faux exposé n'aurait point occasionné d'invasion pestilentielle, s'il était de nature à pouvoir y donner lieu en empêchant les précautions nécessaires.

Les mêmes individus seront punis de la dégradation civique et d'une amende de cinq cents francs à dix mille francs, s'ils ont exposé la santé publique en négligeant, sans excuse légitime, d'informer qui de droit de faits à leur connaissance de nature à produire ce danger, ou si, sans s'être rendus complices de l'un des crimes prévus par les articles 7, 8 et 9, ils ont sciemment et par leur faute laissé enfreindre ou enfreint eux-mêmes des dispositions réglementaires qui eussent pu le prévenir.

11. Sera puni de mort tout individu faisant partie d'un cordon sanitaire, ou en faction pour surveiller une quarantaine ou pour empêcher une communication inter-

dite, qui aurait abandonné son poste ou violé sa consigne.

12. Sera puni d'un emprisonnement d'un à cinq ans, tout commandant de la force publique qui, après avoir été requis par l'autorité compétente, aurait refusé de faire agir pour un service sanitaire la force sous ses ordres.

Seront punis de la même peine et d'une amende de cinquante francs à cinq cents fr.,

Tout individu attaché à un service sanitaire, ou chargé par état de concourir à l'exécution des dispositions prescrites pour ce service; qui aurait, sans excuse légitime, refusé ou négligé de remplir ses fonctions;

Tout citoyen faisant partie de la garde nationale, qui se refuserait à un service de police sanitaire pour lequel il aurait été légalement requis en cette qualité;

Toute personne qui, officiellement chargée de lettres ou paquets pour une autorité ou une agence sanitaire, ne les aurait point remis, ou aurait exposé la santé publique en tardant à les remettre, sans préjudice des réparations civiles qui pourraient être dues, aux termes de l'article 10 du Code pénal.

13. Sera puni d'un emprisonnement de quinze jours à trois mois et d'une amende

de cinquante francs à cinq cents francs, tout individu qui, n'étant dans aucun des cas prévus par les articles précédents, aurait refusé d'obéir à des réquisitions d'urgence pour un service sanitaire, ou qui, ayant connaissance d'un symptôme de maladie pestilentielle, aurait négligé d'en informer qui de droit.

Si le prévenu de l'un ou de l'autre de ces délits est médecin, il sera en outre puni d'un interdiction d'un à cinq ans.

14. Sera puni d'un emprisonnement de trois à quinze jours et d'une amende de cinq à cinquante francs, quiconque, sans avoir commis aucun des délits qui viennent d'être spécifiés, aurait contrevenu, en matière sanitaire, aux réglements généraux ou locaux, aux ordres des autorités compétentes.

15. Les infractions en matière sanitaire pourront n'être passibles d'aucune peine, lorsqu'elles n'auront été commises que par force majeure, ou pour porter secours en cas de danger, si la déclaration en a été immédiatement faite à qui de droit.

16. Pourra être exempté de toute poursuite et de toute peine, celui qui, ayant d'abord altéré la vérité ou négligé de la dire dans les cas prévus par l'article 10, réparerait l'omission ou rétracterait son faux

exposé, avant qu'il eût pu en résulter aucun danger pour la santé publique, et avant que les faits eussent été connus par toute autre voie.

ORDONNANCE DU ROI.

CHARLES, par la grâce de Dieu, Roi de France et de Navarre, à tous ceux qui ces présentes verront, SALUT : Sur le raport de notre Ministre secrétaire d'Etat de la marine et des colonies,

Vu la loi du 15 août 1792, sur le pilotage; vu les articles 41 et 42 du décret du 12 décembre 1806, portant réglement sur le service des pilotes lamaneurs, nous avons ordonné et ordonnons ce qui suit :

ARTICLE PREMIER.

Les réglements et tarifs de pilotage arrêtés les 25 mai et 2 octobre 1827 par le conseil d'administration de la marine, séant au chef-lieu du premier arrondissement maritime, pour les quartiers de Dunkerque, Calais, Boulogne, Saint-Valery-sur-Somme, Dieppe, Fécamp, le Havre, Honfleur, Rouen, Caen, la Hougue et Cherbourg, sont approuvés.

Lesdits réglements et tarifs seront exécutés selon leur forme et teneur, jusqu'à ce qu'ils aient été légalement renouvelés, et il sera procédé à leur révision dans l'année 1834, à moins que des circonstances extraordinaires ne rendent nécessaire de devancer cette époque.

2. Notre Ministre secrétaire d'Etat de la marine et des colonies est chargé de l'exécution de la présente Ordonnance.

Donné en notre château de Saint-Cloud, le 27me jour du mois d'août de l'an de grâce 1828, et de notre règne le 4me.

Signé : CHARLES.

De par le Roi :

Le Ministre secrétaire d'Etat de
la marine et des colonies,

Signé : HYDE DE NEUVILLE.

Pour ampliation :

Le Ministre secrétaire d'Etat de
la marine et des colonies,

Signé : HYDE DE NEUVILLE.

Pour copie conforme :

Le Commissaire principal de la Marine,

Signé : C. DE LAGATINERIE.

Les Etrangers assimilés aux Français pour les redevances de Pilotage sont :

Les Américains (convention du 24 juin 1822);

Les Espagnols;

Les Brésiliens (dépêche du 10 septembre 1829);

Les Anglais venant des ports du Royaume-Uni ou des possessions de ce royaume en Europe (ordonnance du 8 février 1826; dépêche du 22 avril 1830);

Les Sardes, en relâche forcée (dépêche du 2 juillet 1838);

Les Mecklembourgeois (dépêche du 15 juin 1840);

Les Autrichiens, en relâche forcée (dépêche du 24 juin 1841);

Les Hollandais (dépêche du 2 novembre 1841).

www.ingramcontent.com/pod-product-compliance
Lightning Source LLC
LaVergne TN
LVHW020037170826
845678LV00001B/297

9782329694306